MOYENS PRATIQUES

D'AMÉLIORER LA SITUATION

DE

L'AGRICULTURE, DU COMMERCE

ET DES

CONSOMMATEURS

EN FRANCE,

SANS DIMINUER LES RESSOURCES DU TRÉSOR.

PAR DAVID MACAIRE.

Semez et vous récolterez.

PARIS

IMPRIMERIE DE WITTERSHEIM,

Rue Montmorency, 8.

1848

CHAPITRE Ier.

Principes généraux.

Tout Citoyen français doit le tribut de son dévouement à la plus grande prospérité du Pays.

Je n'ai pas attendu ce moment pour comprendre ce devoir, car depuis l'année 1836, je n'ai pas cessé de plaider devant le gouvernement déchu et à mes seuls frais, en faveur des producteurs agricoles et des consommateurs, gravement lésés par la mauvaise assiette de l'impôt, en ce qui touche les questions si importantes de la production, de la consommation et du bien-être matériel des consommateurs.

A mes yeux, c'est l'organisation de la *vie matérielle à bon marché*, c'est-à-dire la possibilité de se procurer les grands articles de consommation de première nécessité à bas prix en France, qui renferme la meilleure solution de l'important problème social du travail.

Parce que c'est *le bon marché réel* des produits français qui pourra seul, tant à l'intérieur qu'à l'étranger, en augmenter la consommation, c'est-à-dire *le débouché*.

Parce que c'est *le débouché* qui seul alimente le travail, maintient et élève les salaires.

Parce que le *débouché* est au travail, à la production, à l'industrie et au commerce, ce que la circulation du sang est au corps humain, c'est-à-dire le principe, le pivot, la force motrice, le mouvement, la vie enfin !

Parce que c'est *le débouché*, lorsqu'il n'est pas comme en France limité par une mauvaise assiette de l'impôt, qui provoque une plus grande production, circulation, absorption de marchandises ; et en utilisant un plus grand nombre de terres, de bras, d'outils, de capitaux, d'animaux, de transports et d'intermédiaires, multiplie par le mouvement accéléré de toutes ces forces vitales et vivifiantes les revenus de l'État, tout en procurant la prospérité collective de l'agriculture, de l'industrie et du commerce.

Parce que c'est *le débouché*, qui est la meilleure garantie de la légitime participation du travailleur au bien-être matériel.

Enfin, parce que c'est *le débouché* qui est la source la moins onéreuse, la plus abondante et la plus durable des ressources du trésor public, puisqu'alors elles découlent de la prospérité générale.

En résumé, l'intérêt politique et financier de la France est d'obtenir le plus promptement possible, au moyen d'une bonne répartition de l'impôt, *la faculté de produire à bon marché, afin que le bon marché réel puisse à son tour paralyser la fraude et favoriser l'accroissement indéfini du débouché;* voilà ce dont il faut par dessus tout se pénétrer, car la richesse publique et le bien-être matériel à la portée de tous sont à ce prix.

J'avais raison de craindre pour la prospérité du Pays, en voyant les gouvernements antérieurs oublier cette maxime de Sully, toujours vraie pour un pays aussi essentiellement agricole que la France : *Labourage et pâturage sont les véritables mamelles de l'État.* Je déplorais surtout de voir tout à la fois refuser à l'agriculture la protection qu'elle mérite à tant de titres, et négliger en même temps les seuls principes en matière d'impôt capables de féconder la production et la consommation.

En effet, en me rendant un compte exact de l'augmentation progressive de la population et du chiffre réduit de la consommation générale en France, par suite des prix élevés des principaux articles de première nécessité, en comparant notre infériorité considérable vis-à-vis de l'étranger sous ce rapport. Je ne pouvais m'empêcher d'en conclure que dans la lutte ardente qui, depuis 1815, c'est-à-dire pendant trente-trois ans de paix, a existé, et existe encore entre les diverses nations pour s'emparer du *débouché*, c'est-à-dire de la richesse, la supériorité évidente des pays où l'impôt favorise *la vie matérielle à bon marché,* tournerait au détriment de cette belle France, qui, avec les ressources admirables de son sol, d'un climat tempéré, d'une heureuse situation géographique ainsi que de la vive intelligence de ses habitants, aurait pu devenir le pays le plus prospère et le plus riche du globe, si elle eût été dotée d'une habile direction politique, agricole, financière et commerciale.

C'est cette conviction *qui, dès* 1837, me donna le courage en écrivant au dernier roi, alors à l'apogée de sa prospérité et en lui adressant, ainsi qu'à ses ministres, des exemplaires de deux de mes publications, sur l'influence pernicieuse des taxes exagérées sur la richesse de la France, de formuler ces mots devenus prophétiques le **24** février 1848 : « *Répandre le bien-être matériel dans les masses, serait le plus ferme appui de votre dynastie.* »

Cette même pensée se trouve reproduite en quelque sorte comme une mise en demeure, dans la pétition datée du 1er *janvier* 1838, que j'adressai aux membres de la Chambre des députés, et leur fis distribuer, ainsi qu'aux ministres, aux pairs de France et aux principaux organes de la presse parisienne; en effet, cette pétition se terminait ainsi :

« La restauration qui avait promis l'abolition du droit d'octroi
» sur les vins, l'augmenta par la loi du 28 avril 1816, *oubliant que le*
» *plus sûr et meilleur moyen de gouvernement, réside dans le bien-être*
» *matériel et le perfectionnement moral des masses.*

» *L'époque des intérêts moraux et matériels est arrivée,* une sage
» application des féconds éléments de prospérité que renferme le
» pays, permettra de mettre enfin un terme à la perturbation qui lèse
» à la fois la justice, la moralité et les intérêts de l'agriculture, l'a-
» venir du commerce de vins et qui s'attaque encore à la santé et à
» la vie des consommateurs de ce liquide à Paris. *La plus belle con-*
» *quête, la véritable gloire, c'est le bonheur du peuple, la dynastie de*
» *juillet et la Chambre de 1837, s'en montreront jalouses.* »

Le courage de la vérité ne me manqua pas non plus, lorsque dans ma pétition subséquente du 30 janvier 1839, adressée à la Chambre des députés, je m'exprimais en ces termes :

« La vie de l'homme est déjà si courte et le nombre des maux
» qui la menacent si considérable, qu'ajouter encore à ce luxe morbi-
» fique, c'est de la cruauté! La vie des hommes ne fait-elle donc pas
» aussi partie de la richesse publique? »

Enfin, pendant douze ans consécutifs, j'ai vainement pétitionné, écrit, publié, sollicité en faveur de droits modérés, c'est-à-dire, de l'intérêt collectif du producteur, du consommateur et du revenu public, tandis qu'un aveugle égoïsme et une incapacité financière malheureuse, gaspillaient la fortune de la France, sans nul souci de desécher au lieu de féconder les deux sources réelles de sa prospérité, la production et le débouché!

L'on n'a pas voulu voir, malgré l'évidence, que ce sont ces sources vivifiantes qui mettent constamment en action le travail, qui ne vit et ne prospère que par elles, et que ces trois éléments, le travail, la production et la consommation, sont si étroitement liés entre eux, qu'on ne peut porter atteinte à l'un d'eux, sans les blesser tous à la fois.

La réaction réciproque et continue de l'industrie manufacturière et de la production agricole l'une sur l'autre, les fait participer toutes les deux aux bénéfices ou aux pertes d'une plus grande ou moindre consommation; le campagnard dont le travail arrache à la terre la substance nécessaire à l'habitant de la cité, n'est-il pas, à son tour, le tributaire obligé de l'industrie de ce dernier? par conséquent, il importe par tous les moyens possibles, de favoriser l'extension de ces échanges naturels, qui constituent le débouché. Aussi est-ce des milliards, que l'esprit borné et routinier de fiscalité qui a prédominé dans la direction financière du pays a fait perdre à la France, en refusant de protéger l'agriculture et le débouché, tout en privant le consommateur de la satisfaction la plus naturelle et la plus légitime, celle du bien-être matériel.

Cet aveuglement est d'autant plus déplorable, qu'en même temps le budget s'est accru successivement de 800 millions en 1815, au chiffre de 998 millions en 1830, et de cette dernière époque à 1848 jusqu'à 1,400 millions! en sorte que c'était doublement pressurer le capital de la richesse publique, puisqu'on commettait la faute énorme de ne pas le féconder, et de prélever plus sur le capital que sur le revenu; le revenu de la France se trouvant trop limité, comparativement à l'énormité du budget.

Aussi la propriété foncière évaluée à 45 milliards, est elle grevée de 13 milliards d'hypothèques et d'une dette chirographaire considérable, triste et formidable accusation de l'assiette actuelle de l'impôt!

CHAPITRE II.
Pain, Viande, Vin.

DU PAIN.

En ce qui concerne le pain, il s'en consommerait d'autant plus que l'aisance serait plus générale, la France pourrait, sur son propre sol, récolter le blé nécessaire à la subsistance de ses habitants; la possession de l'Algérie où le grain de blé jeté en terre produit en peu de mois 80 grains, ajoute encore à la sécurité des approvisionnements de blé de la France; de sages et prévoyantes mesures administratives n'ont ainsi d'autre problême à résoudre, que d'assurer au producteur de blé un prix convenable, au consommateur des prix modérés, et au pays des garanties contre le retour de la perturbation et des pertes éprouvées en 1847.

DE LA VIANDE.

Quant à la viande, article si important de consommation, la France est fort mal partagée, puisqu'elle se trouve à la fois, comparativement aux principaux pays du globe, au bas de l'échelle de consommation et de possession de têtes de bétail.

Ce fait est d'autant plus affligeant, que la viande, comme nourriture, est un précieux élément de force physique et de santé, de plus l'engrais, si nécessaire à notre agriculture, est en France trop cher et insuffisant.

On compte généralement que pour la richesse d'un pays et le bien-être de ses habitants, il faudrait posséder du bétail (bœufs, vaches, veaux, moutons et porcs réduits au poids unique du bœuf), à raison d'une tête de bœuf par habitant.

L'Amérique du sud et la Russie, possèdent seuls au-delà de cette proportion, non-seulement, la viande y est aux plus bas prix, mais leurs exportations en euirs et en suifs sont très-considérables :

Aux États-Unis le rapport est de 75 pour cent de tête de bœuf par habitant.
En Angleterre   Id.   68   Id.   Id.   Id.
En Allemagne   Id.   60   Id.   Id.   Id.
En France   Id.   54   Id.   Id.   Id. (1)

Aussi la viande, véritable luxe dans une partie de la France, y est-elle hors de prix partout, et notamment à Paris, où les os sont vendus au prix de la viande, à raison de 80 centimes le demi kilogramme, ce qui porte le prix réel de la viande de 95 à 96 c. le demi-kil.

Il y a donc urgence à réparer ce malheur, puisqu'il appauvrit le pays, et impose de dures privations à la majeure partie de sa population; n'est-ce pas encore l'insuffisance constatée de vaches à lait, qui soumet les habitants des villes, et au grand détriment de l'enfance, à consommer en majeure partie du lait coupé ou falsifié.

En présence de faits aussi graves, il serait inhumain de ne pas sup-

(1) Les chiffres ci-dessus sont extraits de l'Échelle des récoltes, par M. Loui. Millot, ancien élèv rde l'école polytechnique.

primer tout à la fois, les droits d'octroi sur la viande, et les droits d'entrée sur le jeune bétail et le bétail maigre, en ne laissant subsister aux frontières que des droits modérés sur le bétail gras.

Il ne sera pas difficile de remplacer aux budgets des villes et du trésor, les sommes que leur enlèvera la suppression d'un droit si préjudiciable et si peu productif, en raison de la consommation réduite de la viande en France ; d'ailleurs les ressources indispensables que réclament les besoins des villes et du trésor, doivent être prélevées plutôt sur les articles de luxe, que sur la vie même des classes laborieuses.

Ne pas redresser le tort fait sur ce chef à l'agriculture, à l'industrie et à la consommation, serait continuer au profit de quelques riches herbagers, et au détriment de 35 millions de consommateurs en France, l'injuste protection que l'aristocratie anglaise, qui possède la majeure partie de la propriété territoriale en Angleterre, s'est fait accorder jusqu'en 1846 sur le blé, au moyen de droits élevés à l'importation des blés étrangers.

DES VINS.

Le vin qui dans la consommation générale en France, arrive immédiatement après le pain et la viande, méritait une sollicitude d'autant plus éclairée, que la France possède deux millions d'hectares de vignes, répartis entre deux millions de propriétaires, et que la récolte annuelle de vin qui s'élève en moyenne à 800 millions de francs, constitue après le blé, le revenu territorial le plus considérable du pays. De plus, le vin, principale boisson de ses habitants, forme encore l'objet d'un immense commerce, tant à l'intérieur qu'à l'étranger ; enfin, la vigne en France utilise considérablement de terres impropres à d'autres cultures.

Loin de protéger une production et un article de consommation aussi important, un système de fiscalité aussi arbitraire qu'inintelligent n'a cessé de limiter la consommation et de fournir une prime élevée à la fraude.

Depuis 1836, j'ai constamment dénoncé publiquement au gouvernement et au pays un vandalisme aussi préjudiciable à l'intérêt général, car indépendamment de l'impôt foncier de première classe, qui atteint la vigne et procure 24 millions de francs par an au trésor, les produits des vignes se trouvent ensuite accablés.

1° D'un droit de circulation;
2° D'un droit de détail; — modifiés par arrêté du 31 mars dernier en taxe différentielle de consommation variable suivant une division des 86 départements en 4 classes différentes, mode injuste de circonscription qui a régi la matière depuis le décret impérial du 25 novembre 1808, déjà continué par la restauration et la dynastie de 1830, comme si, avec l'égalité devant la loi, il devrait exister une inégalité de classes de Français devant l'impôt.

3° D'un droit d'entrée au profit du trésor;

4° D'un droit d'octroi au profit des villes;

5° D'un droit de 10 pour cent au profit du trésor sur le produit des droits d'octroi.

6° *Les vins en bouteilles sont frappés à Paris d'un droit encore plus excessif que les vins en cercles.*

En outre, sur les 50 millions d'hectolitres de vin qui composent la récolte moyenne de la vigne en France, seulement, 16 millions d'hectolitres sont atteints par l'impôt, et la somme annuelle de 130 millions que l'impôt sur les boissons procure au trésor et aux octrois, comprenant les eaux-de-vie, liqueurs, vins, bières, cidres, poirés et hydromels, se trouve presqu'uniquement et inégalement prélevée sur 11 millions de population urbaine.

Enfin, comme les manufactures et les grands ateliers se trouvent naturellement exister dans les villes, dont la population dépasse quatre mille âmes, le plus lourd fardeau de cet impôt irrégulier, pèse sur l'industrie. Par exemple, à Paris, l'ouvrier qui use ses forces dans les rudes labeurs du corps, et qui consomme un litre de vin par jour, supporte cet impôt par année à raison de. . . . 74 fr. 27 c.

et pour le vin tel quel à raison de 60 cent.

le litre, droits déduits. 144   73

Total. . . . . . 219 fr. 00

Et si l'ouvrier a famille et consomme alors un litre et demi de vin par jour, il payera au fisc, sur ce seul article de consommation, une redevance annuelle de. . . . . 111 fr. 40

Et pour le vin, droits déduits. 217   10

Total. . . 328 fr. 50

Il en est résulté, que la consommation générale du vin dans Paris, représente seulement 1/4 de litre de vin par jour et par habitant, tandis que l'Anglais, l'Allemand, le Belge et le Hollandais, indépendamment d'une meilleure alimentation et de l'usage des boissons spiritueuses, consomment encore de 3 à 4 litres de bière par jour.

Dans une brochure intitulée *Origine, causes et résultats de la perturbation vinicole en France, depuis 1791 jusqu'à 1842*, après avoir exposé le vice radical du régime actuel de l'impôt sur les vins, j'ajoutais qu'en regard des besoins absolus du trésor, la nécessité d'un impôt sur le vin ne saurait être raisonnablement contestée, que seulement l'erreur, l'arbitraire et l'inégalité dans cet impôt devraient faire place aux vrais principes économiques et aux régles de l'équité.

Je vais indiquer quatre modes d'impôt différents, mais faciles à appliquer et qui permettraient chacun de procurer au trésor une somme équivalente à celle que l'impôt actuel produit aux villes et au trésor.

1° *Le mode de* l'unité, *taxe unique de consommation de 2 francs par hectolitre de vin indistinctement, sortant des celliers des propriétaires de vignes.* En supposant même, que malgré l'augmentation de la consommation et la diminution de la fraude, la taxe de consommation ne pût atteindre au-delà de 45 millions d'hectolitres, cette taxe procurerait au trésor la somme de 90 millions.

2° Le mode de la *Classification.*

Vins							
	ordinaires	évalués aux	8ı10,	36,000,000 hectolitres à	1 f. 50 c.	f.	54,000,000
	intermédiaires	»	1ı10,	4,500,000	»	3 »	13,500,000
	supérieurs	»	1ı10,	4,500,000	»	6 »	27,000,000
						Total.......	94,500,000

3° Le mode du *degré d'alcool du vin*, avec un minimum d'un litre d'alcool par 10 litres de vin, et le droit de 18 c. par litre d'alcool pur (1).

Vins							
	à 1ı10 d'alcool évalués aux	5ı10,	22,500,000 hect.	1 f. 80 c.	f.	40,500,000
	1ı12 » »	3ı10,	13,500,000 »	2 46		29,160,000
	1ı15 et au-dessus »	2ı10,	9,000,000 »	2 70		24,300,000
				Total.......		93,960,000

4° Le mode cumulatif composé :

1° D'une taxe de consommation au profit du trésor à percevoir avant l'enlèvement du vin des celliers des propriétaires, à raison de 1 franc 50 centimes sur 45,000,000 d'hectol. 67,500,000 francs.

2° D'une taxe municipale, applicable seulement aux villes à octrois ; le chiffre de taxe, proposé par les conseils municipaux à l'approbation du Gouvernement, serait déterminé suivant la base d'impôt que le Gouvernement adoptera comme régulateur; mais dans aucun cas, même pour Paris, cette taxe municipale ne devrait, en moyenne, s'élever au-dessus de 8 francs 50 centimes l'hectol., ce qui

(1) M. Louis Millot a le premier soumis au Congrès agricole un projet tendant à imposer les vins d'après le degré d'alcool, à raison de 20 c. le litre d'alcool.

ferait un total de 10 francs par hectol. au lieu de 20 francs 35 centimes que ce liquide supporte aujourd'hui, à Paris.

Le premier mode offrirait l'avantage de la simplification, de favoriser la bonne culture, la qualité préférablement à la quantité, et de mettre autant que possible les bons vins à la portée de tous les consommateurs.

Le second aurait l'avantage d'être plus en rapport avec le degré de fortune des consommateurs, et par sa modération ne porterait atteinte à aucun intérêt.

Le troisième aurait pour résultat de paralyser une fraude considérable, consistant à charger les vins d'alcool, afin d'éviter les droits sur les esprits, et ensuite introduire de l'eau dans les vins livrés à la consommation, fraude qui pourrait du reste être réprimée par d'autres moyens.

Le quatrième mode serait une transaction entre un principe d'équité et un régime abusif, le résultat serait un régime modéré.

Le mérite de ces diverses bases d'impôt sur les vins est facile à apprécier, étant également calculées de manière à satisfaire les besoins du trésor, sans porter atteinte au développement de l'agriculture, de la consommation et du bien-être des consommateurs. Les récoltes seraient prises en charge par les agents de l'administration, sur les déclarations même des propriétaires de vignes, controlées par le conseil municipal de chaque commune et par l'agent de l'administration.

On pourrait allouer aux propriétaires de vignes, sans distinction d'année de récolte, une déduction de neuf pour cent par an, sur les vins pris en charge à leur compte, pour les couvrir des déchets résultant des ouillages et soutirages, ainsi que de leur consommation de vin sur place et de celle de leur famille.

Cette déduction serait calculée à raison du séjour des vins chez les propriétaires. Les propriétaires seraient responsables de l'acquittement des droits par l'acheteur avant l'enlèvement des vins de leurs celliers.

Pourraient néanmoins être admis à la faculté d'entrepôt les marchands de vin en gros et en détail qui en feraient la demande, et dans ce cas seulement, les vins leur appartenant devraient être accompagnés d'acquits à caution.

Seraient abolis tous autres droits sur les vins quelle que soit leur dénomination.

L'intérêt de l'hygiène publique conseille de maintenir des droits élevés sur l'alcool pur.

C'est ici la place d'ajouter, que le régime des droits d'octroi, c'est-à-dire le droit excessif de chaque conseil municipal, moyennant autorisation du gouvernement de battre monnaie sur des produits du sol qui ont déjà acquitté l'impôt foncier, et la taxe indirecte du trésor est à la fois contraire à la consommation et à la production à bon marché. Par décret du 19 février 1791, Louis XVI supprima les droits d'entrée et les droits d'octroi, à dater 1er mai 1791. Ce principe de fiscalité est originaire du règne de Philippe IV en 1277.

Dans un pays où l'égalité devrait présider dans l'impôt aussi bien que dans la loi, les droits d'octroi, en ajoutant un lourd impôt sur les principaux articles de la nourriture du peuple, viande, charcuterie, graisses, vins, bière, cidre, alcools, vinaigres, huiles, sel, fromage, etc., etc., etc., sont à la fois un anachronisme et un préjudice aux véritables intérêts du pays ; aussi les droits d'octroi n'existent-ils ni en Angleterre, ni aux États-Unis.

Ce n'est pas d'aujourd'hui que je proclame ces vérités !

Dans mes pétitions des 1er janvier 1838, 30 janvier 1839, 15 mars 1842, 17 février 1844 et 15 avril 1845, adressées à la chambre des députés et à la chambre des pairs, j'ai dénoncé le mode actuel d'impôt sur les vins comme une violation flagrante des art. 1 et 2 de la Charte.

Le 14 octobre 1842 j'ai publié les réflexions suivantes :

« Pourquoi tous les Français étant égaux devant la loi ne suppor-
» tent-ils pas le droit de consommation sur le vin, au même titre et dans
» la même proportion ?

» Pourquoi y a-t-il quatre droits sur un même produit, au lieu
» d'un droit unique et invariable pour toute la France ?

» Pourquoi l'autorisation n'a-t-elle presque jamais été refusée aux
» villes de battre monnaie sur les vins des autres départements qui
» n'ont pas le même privilége à l'égard des produits de ces villes ?

» Qu'un pareil système d'impôt ait été rétabli sous le régime impé-
» rial, militaire, et alors qu'ébloui de la gloire des armes françaises,
» le peuple se contentait de la liberté de se taire, cela se comprend
» encore ; mais qu'un système fiscal, aussi préjudiciable aux intérêts

» du pays, ait pu traverser vingt-sept années de paix, c'est ce qui ne
» peut s'attribuer qu'à un défaut de renseignements suffisants sur
» cette matière (Pages 28 et 29 de ma brochure intitulée *Origine, causes*
» *et résultats de la perturbation vinicole en France, depuis 1791 à 1842.*

» C'est dans la prospérité générale, ou à défaut dans une égale répar-
» tition des charges, que le gouvernement puiserait avantageusement
» pour tous les intérêts, les ressources nécessaires aux besoins de l'État.

» Plus les voies et moyens de la perception de l'impôt seront sim-
» ples, plus elle sera productive pour le trésor, moins elle sera oné-
» reuse pour le contribuable (page 31). »

Ainsi j'ai toujours pensé qu'un régime d'équité et d'unité dans
l'impôt tournerait au profit collectif de la consommation, de la production et du trésor public.

CHAPITRE III.
Sel, Sucre, Tabac.

DU SEL.

Chacun sait le rôle important du sel, par rapport à la nourriture
des habitants de la campagne et à l'élève du bétail.

Le droit exagéré de 33 c. par kilog. sur une valeur de 5 c. aux
lieux de production, a soulevé depuis longtemps d'unanimes récla-
mations, car c'est l'exagération de ce droit qui limite considérablement la consommation de cet article essentiel.

Il est probable qu'à l'instar de ce qui s'est passé à cet égard en
Angleterre, la consommation doublerait si le droit était réduit de
moitié, en sorte que le revenu annuel de 70 millions que le gouvernement perçoit sur le sel n'éprouverait pas ou peu de diminution;
ce qui autorise cette espérance, c'est le chiffre comparatif de la
consommation du sel entre les divers pays.

En Angleterre la consommation du sel par habitant et par année est de 20 kil.
Aux États-Unis   »   »   »   »   15 »
En Allemagne   »   »   »   »   12 »
En France   »   »   »   »   8 »

On voit combien la consommation du sel peut s'élever encore en
France, mais il est essentiel pour que la réduction du droit profite à
la fois au fisc et à la consommation, il est essentiel, dis-je, qu'elle soit
largement faite, c'est-à-dire au moins de moitié; autrement compris,

le dégrèvement risquerait d'avoir un résultat moins favorable pour les intérêts du trésor.

Cette science économique est si bien comprise en Angleterre que depuis 1820, les divers gouvernements wigh et tory qui s'y sont succédés, ont à l'envi les uns des autres successivement dégrévé les articles de grande consommation de la somme énorme de plus de 1,500 millions, sans diminuer les ressources de l'Échiquier, retrouvant toujours une ample compensation de recettes dans l'augmentation de la consommation et la diminution de la fraude.

C'est en poursuivant habilement partout et toujours la conquête du débouché et en sachant utiliser les capacités, que l'Angleterre est devenue réellement riche et puissante, malgré les défauts d'une organisation sociale, que la France n'a pas pu supporter au-delà de 1789.

DES SUCRES.

Le sucre est aussi un des grands articles de consommation, et sur cet article, comme pour la viande, le vin et le sel, la consommation annuelle de l'habitant en France est inférieure à celle de presque toutes les autres nations, et principalement de l'Angleterre et des États-Unis.

En France la consommation de Sucre par habitant et par année est de 3 kil. 67|00.
Aux États-Unis   »   »   »   »   9 » 50|00.
En Angleterre   »   »   »   »   10 »

Si, comme cela est très-probable, une diminution de moitié des droits actuels sur les sucres indigènes et des colonies françaises, permettait d'atteindre à une consommation double de celle si réduite qui existe, non-seulement le trésor obtiendrait le même revenu sur ce chapitre de consommation, mais combien de capitaux et de bénéfices cela ne mettrait-il pas en circulation?

A nos colonies, qui souffrent et succombent, cela ouvrirait de nouvelles ressources.

A notre marine marchande, si appauvrie, une augmentation de frêt considérable.

Enfin, à notre agriculture, un accroissement de richesse.

Car cette augmentation de 128 millions de kilogrammes de sucre par année profiterait simultanément à notre industrie sucrière indigène et coloniale, tout en favorisant une augmentation dans le bien-être matériel du consommateur.

Les mêmes principes économiques appliqués aux grands articles, laines, coton, café et cacao, produiraient d'immenses résultats, à commencer par celui *du bon marché réel*, remède le plus efficace contre la fraude, cette lèpre hideuse du commerce, qui sous le manteau décevant *du bon marché fictif*, porte un si grave préjudice à la moralité, au débouché, ainsi qu'aux intérêts des consommateurs.

La France aurait aujourd'hui une richesse double de celle qu'elle possède, si les 33 années de paix avaient été habilement employées au profit de la prospérité générale du pays, au lieu de les stériliser par un régime déplorable d'agiotage et de fiscalité, sources fécondes de fraude, d'immoralité et de richesse fictive.

DES TABACS.

Avec le respect dû au principe de la liberté illimitée du commerce et de l'industrie, les impérieuses nécessités du trésor public peuvent seules recommander la prolongation du monopole exclusif de la fabrication des tabacs au profit de l'État.

Le seul moyen d'augmenter la consommation de cet article, et de combattre la concurrence de la contrebande, aujourd'hui si facile, des produits étrangers, consiste à résoudre autant que possible sur les tabacs de fabrication française et au profit de la masse des consommateurs, *le problème du bon marché réel*, c'est-à-dire la réunion de la qualité et des prix modérés.

C'est donc en appliquant sans cesse et dans toutes les ramifications de l'exploitation des *tabacs* par l'État, tous les efforts et perfectionnements industriels, commerciaux et administratifs, que ne manquerait pas de déployer l'industrie privée stimulée par la concurrence, qu'il peut y avoir espérance de maintenir ce chapitre annuel du revenu public au chiffre élevé de 120 millions auquel il avait atteint.

Je ne puis m'empêcher en terminant cette rapide esquisse de l'importante question *du débouché*, de rappeler les lignes suivantes que j'adressai le 15 mai 1837 aux membres du conseil municipal du département de la Seine, dans un petit opuscule intitulé : *Utilité morale, politique et financière, d'une réduction des droits d'entrée sur les vins à Paris* (page 8).

« Les hommes et les choses sont destinés éternellement à subir
» l'action des bons ou des mauvais principes, le bien comme le mal
» germent et produisent en raison du champ où tombe la semence ;
» c'est par ce motif qu'il importe davantage de ne pas prendre l'un
» pour l'autre, lorsqu'il s'agit des intérêts d'une grande nation, car
» les bénéfices ou les pertes sont en proportion du capital et du
» nombre des intéressés. »

J'ajouterai maintenant encore une fois, qu'il n'existe pas de moyen plus prompt et plus efficace que de favoriser *le bon marché réel* par une bonne assiette de l'impôt, afin d'asseoir le plutôt possible la fortune de la France sur la base solide du débouché intérieur et extérieur.

DES CONSULATS.

Rien ne pourrait mieux favoriser un développement avantageux du débouché extérieur, que de confier les fonctions consulaires à l'étranger à d'anciens négociants d'un patriotisme, d'une moralité et d'une capacité incontestables.

Les utiles communications pratiques transmises par ces consuls expérimentés, et mises à la portée du commerce, contribueraient puissamment à faire fructifier les capitaux français à l'étranger, au lieu de les laisser trop souvent exposés à s'y fourvoyer. Elles auraient de plus un résultat immédiat bien désirable en ce moment, celui d'accroître considérablement le chiffre des exportations des produits français.

La France a suffisamment de gloire, pour avoir le droit désormais de préférer le positif à un peu plus ou un peu moins de représentation au dehors, et pour désirer que l'argent du pays puisse administrativement être principalement employé à augmenter sa propre richesse. Ce serait y contribuer, en aidant par tous les moyens possibles le commerce français à relever et à fortifier ensuite sa prospérité compromise.

Il en est de la direction des forces vitales administratives, comme de l'agencement des différentes pièces qui composent une machine, si l'on place malheureusement une scie là où il faudrait un marteau, il en résultera inévitablement des avaries très-sérieuses ; si d'un autre côté l'on a bien mis un marteau, mais qu'il soit incapable de fonctionner, le résultat sera négatif ; or les variantes sont nombreuses entre ces deux extrêmes, résultat très-productif et perte excessive. Les 4 à 5 millions dépensés annuellement pour le chapitre des consulats, pourraient et devraient procurer au commerce français, surtout dans les circonstances malheureuses où il se trouve, des secours efficaces, et d'autant plus précieux, que l'emprunt sur garantie sera le plus souvent un expédient onéreux, tandis que *le débouché* serait un véritable bénéfice.

Paris, 15 avril 1848.

FIN.

www.ingramcontent.com/pod-product-compliance
Ingram Content Group UK Ltd.
Pitfield, Milton Keynes, MK11 3LW, UK
UKHW022255070726
13613UKWH00005B/2317